X书店

12 节虚构的语文课

成长是一部小说

冯军鹤◎著
葛根汤◎绘

北京科学技术出版社
100 层童书馆

　　我会站在一道破悬崖边上。我要做的就是抓住每个跑向悬崖的孩子——我是说要是他们跑起来不看方向，我就得从哪儿过来抓住他们。我整天就看这种事，就当个麦田里的守望者得了。[*]

——（美）J.D. 塞林格

* 出自美国作家J.D. 塞林格（1919—2010）的《麦田里的守望者》，孙仲旭译，译林出版社。

第 8 节课 长大与经验 / 69

长大意味着什么？当回答这个问题的时候，我们会诉诸记忆。但记忆中总是充满着误会与错认。那些难忘的时刻，那些巨变的发生，那些突然停顿的瞬间，或者不可思议的情绪，总是在虚构后被我们当做生命中宝贵的经验。在这个意义上，我们可以说成长是一部小说。

在第八节课上，我们将走进汪曾祺的小说世界，一起阅读他的记忆与虚构。

第 7 节课
想象与真实

星期六的下午，我从午觉中醒来。手机上是一堆未读信息，在屏幕上排着整齐的队伍。客厅里有人说话。我走出去，看到四个人围坐在茶几周围。背对我的是爸爸，另外三个人，包括一个披着大波浪的女人，都是陌生的面孔。

"把你吵醒了吗？"爸爸转过身子。

"没有。"

"这些是我的同事。"他开始介绍。轮到女人的时候，他说，这是刘阿姨。

她对我微笑。我看见她脸上精致的妆容，一粒趴俯在额角的美人痣，然后看见她和爸爸中间，多多白色的肚子在缓缓起伏。

"阿姨？我才三十岁出头呀。"她满脸的委屈。

一个男人说，怎么三十七八变成三十岁出头了？

在笑声中，我叫了一声姐姐，便礼貌地退回房间。背后是毫不意外的夸奖。爸爸说起了我的成绩、年级排名、四大、985、未来与工作……

我想到了《夜晚的潜水艇》。从书包里找出阅读材料，把小说重新读了一遍。上次阅读是在学校的大课间。我把《致一枚硬币》圈了起来，提醒自己读一下这首诗歌。电脑上，诗句呈现出和《南方》相似的感觉：既清晰又含混。

诗歌的结构很简单，我扔下一枚硬币，然后想象这枚硬币。但是如何理解两种命运之间的关联呢？两种命运？

爸爸的敲门声打断了我的困惑。我没有开门，只是应道："干吗？"

"有时间吗？我和你聊会儿？"

我站起来，又坐下。

"现在没空。晚上再聊吧。"

他离开了。我发了会儿呆，然后拿出手机，查看未读信息，其中有一条来自悠悠。她说，下单时不小心点了两本《夜晚的潜水艇》，晚上把其中一本送给我。我选择一个表情包，满心致谢。

半小时后，客厅里没有了声音。时间还不到五点。

我安静地走出去。多多仍然在睡觉，蜷卧在沙发的角落。我狠狠拍了它一下。它陡然弓起身子，不解地看了我一眼。

背上书包，走出家门，然后给爸爸发微信，我谎称同学约我一起吃晚饭。他回了一个大大的问号。

等我在一个街区外吃过一碗煲仔饭，他给我发了第二条信息：吃好点。随后是一个一百元的红包。

夜晚的潜水艇

---

*《夜晚的潜水艇》，陈春成著，上海三联书店。

我几乎提前一个小时到了书店。没想到悠悠已经在那儿了。课程开始的时候，我已经读完了这本书的第三篇《传彩笔》。

　　马老师也拿着这本书。深蓝色的封面像海洋，又像天空。她推荐喜欢这篇故事的同学阅读整本小说集。悠悠还剩下最后一篇就读完了。她不住地点着头。

　　"很可惜，我们这节课只能聊这一篇作品。我想先听一听大家读完之后的感受。"

　　冉思睿兴奋地说："我竟然在一篇小说里读到了皮卡丘和妙蛙种子，精灵宝可梦诶。这种体验也太神奇了吧。之前老师让我们阅读的作品大多数距离我很远，比如外国的小说，或者中国几十年前的故事，但这一篇就好像发生在我身边一样。"

皮卡丘我是听说过的，但精灵宝可梦我并不了解。至于妙蛙种子……

白江宏说他也很喜欢这个故事。

"我们都是学生，所以很理解发生在陈透纳身上的故事。尽管它的情节有点夸张，但我明白它想表达什么。我觉得我也是陈透纳，我也曾经看着一幅画，想象自己在画中四处游荡。但作者把想象力的过程写得如此细致，如此自由，又如此童趣，太厉害了。另外，作者的文字也很精彩，读起来很舒服，同时又很典雅。"

"但你们不觉得很不合理吗？"王渺恰好坐在我对面，我能看见她脸上的不满，"首先，就像你说的，想象力的内容很厉害。虽然我认为有些过于夸张，但我们不妨当作一个小孩的幻想。他那么长时间地沉浸在这种幻想中，但就因为爸妈的谈话，"她翻找着原文，"看着他们在灯光下的愁容，第一次发现父母老了很多，他就突然改变了？突然就意识到自己不正常了？我不能接受这个转折。不过这还不算什么，他开头结尾扯那么多到底想要讲什么呢？一个硬币，一个有钱人，然后潜水艇去找这个硬币，然后就是一个小孩的幻想。虽然中间有解释，但在我看来还是有点不太能理解。有点故弄玄虚了吧。"

我看到有人意味深长地点了点头。虽然我喜欢这篇小说，但不得不承认，故事情节方面，我也觉得缺了点什么，或者反过来，多了点什么？

马老师没有做任何回应，而是叫了手臂高举的洪乐。

"我能理解王渺的困惑。但我想说的是，没必要这么较真。小说本来就是虚构的，只要合理就行。一个人无比热爱一个作家，然后想花钱做这件事情，这没什么奇怪的。为什么从前面来到一个小男孩的故事，我觉得也很清楚。作者留了一个疑问，而陈透纳的故事能够解开这个疑问。至于你说的转折，我觉得很合理呀。我也会在某个安静的时刻突然发现生活的真相。或者说，某个时刻感情突然涌上来，生活就开始改变了。"

仿佛为了配合言说的内容，洪乐的声音突然

变得柔和。

"所以，你喜欢这个故事吗？"马老师追问道。

"还行吧。说不上特别喜欢。我更喜欢那种现实感很强的故事，比如《活着》。而这个小说有太多想象的内容。不过，也许这就是小说的主题吧，连接现实和想象，打破它们之间的界限。"

"喜欢或者不喜欢对于阅读很重要。但这不是我们思考一个故事唯一的依据。洪乐的客观很宝贵。他刚才谈到了故事的主题，现实和想象之间的关系。所以，小说是怎样打开现实和想象之间的通道的？我们从文章中找到具体的内容再来讨论吧。来吧，三分钟时间，先把故事中打破现实和想象界限的片段找出来。"

这是一个简单的任务，不需要三分钟。但马老师还是等到大部分人抬起面孔，才叫了悠悠的名字。她是最早举手的人。

"可以说是想象侵占了现实，"她几乎是急切地说道，"小说中有这么一句话，**当幻想足够逼真，也就成了另一种真实。**他得出这样的结论，是因为觉察出一些不同寻常的现象。首先，当他想象自己在某幅山水画中攀爬，如果想得很投入，幻想结束后他会觉得浑身酸痛。这一点也许还有主观感受的可能。但我们看下一点，当主人公在莫奈的睡莲中遨游过之后，当然是在梦中，醒来时妈妈竟然也闻到了枕边睡莲的幽香。正是这些发现，让主人公相信如果幻想足够逼真，会成为另一种真实。或者，借用他的另外一个表达，只要将幻想营造得足够结实，足够细致，就有可能和现实世界交融，在某处接通。这很不可思议。但跟着这个思路走的话，真的蛮好玩的。"

"这可是超能力呀，他竟然只用来造了一艘潜水艇，"李昊然气急败坏地说，"要是我，都能把地球毁灭了。"

"那可真得谢天谢地，主人公不是你。"大家爆发出一阵笑声。

"这的确是一种不可思议的能力。假如——请大家运用你普通的想象力来假如一下，假如陈透纳是你的同学，有一天他突然告诉你自己的发现：只要将幻想营造得足够结实，足够细致，就有可能和现实世界交融，在某处接通。他还给你举了前面的例子。你一开始可能以为他在开玩笑，但发现他很严肃认真。你会作何反应呢？"

"你没事吧？"李昊然戏剧性地说道。

笑声中，也有人露出了不耐烦的表情。

冉思睿说："我会避免伤害他。比如问一些细节，当作平常事来对待。但我肯定不相信呀，我会觉得他生病了，甚至应该去看心理医生。"

"为什么肯定不相信呢？"白江宏几乎是生气地回应道，"自己没有经历过不代表这种事情不会发生。而且，退一步说，一个人如果真的相信自己的幻想能够和现实交融，甚至能改变现实，只要他足够相信，对他来说不就是真实的吗？"

"但是——"洪乐慢条斯理地加入进来，"如果这种相信已经影响到他的生活了呢？这和迷信是一回事。一个神仙让你走进大海，并且保证你不会死，你相信他，并且真的这样做了，结果呢，当然是一命呜呼了。在小说里，陈透纳虽然没有受到伤害，但又的确严重影响到了他的生活，也让他的父母很难受。"

"任何讨论都可以使用极端的例子。但我觉得我们不是在辩论，不是为了在逻辑上战胜对方。虽然我承认陈透纳的认识有危险，但现在的问题是你能否理解他。以你刚才的逻辑，陈透纳会拒绝和你对话。他会继续留在自己的世界，而你会被赶出去。所以，我觉得首先要认真对待，认真聆听，尝试理解，这样才能保持和他的交流。他的发现究竟是真是假我不知道。但我不知道的事情太多了。在很多事情上,对和错永远都无法确定。而回到故事里，可以确定的却是，陈透纳在这种状态里很快乐。我对小说结尾的一段话印象深刻。晚年的陈透纳在回忆录里说，没有比幻想更盛大的欢乐了。"

我说完了，生出一种痛快的感觉。

"说的太好了。"白江宏看了我一眼，继续说，"我还想回应一下刚才洪乐的最后一句话。陈透纳确实让他的父母很难受。但这就代表陈透纳错了吗？如果他的父母能够，或者说愿意理解陈透纳，他也就不至于丢失自己的想象力了。父母的需要和我们的需要经常有冲突，这样的事情相信大家都感同身受。不能只要求孩子反思，更应该反思和改变的是父母吧。"

有人希望继续发言。马老师笑着说："看来大家对这个话题很感兴趣呀。要不我们写一篇文章？聊一聊什么是真实？或者，你也来谋划一篇小说，写一下陈透纳可能会经历的另外一个故事。我可不是在开玩笑。如果你真的有写下来的冲动，我非常建议你尝试一下。你可以发在我们的群里，也可以单独发给我，甚至写完了只留给自己都行。**但想表达，就要给思考留出时间。**好了，这篇小说不只有这一个话题。刚才王渺和洪乐还提到了小说结构上的一个问题。"

"啊，我提到了什么问题？"

"故事套故事啊。先是硬币、有钱人和潜水艇，然后突然就到了陈透纳的故事。最后又以硬币结尾。"悠悠提醒她。

王渺不好意思地点了点头。

马老师继续说："洪乐认为这两个部分构成了一个悬疑效果。其他人同意吗？少楠？"

"哦，我——同意。故事的开头是一个富商为了寻找博尔赫斯丢落在海中的硬币资助考察队的故事。在这个故事的最后，叙述者讲述了一个神秘事件，那就是考察队的潜水艇阿莱夫号卡在了珊瑚礁中间，随后被一艘蓝色潜艇拯救。这个蓝色潜艇从哪里来的呢？这是故事想要回答的问题，于是就讲述了印象派画家陈透纳的故事。或者说，引用了陈透纳写的一篇文字。"

"一个谜语。所以陈透纳的故事告诉我们谜底了吗？"

"没有呀！"是田芳，"我能猜到蓝色潜水艇就是陈透纳想象出来的那艘，但故事里没直接说呀。"

“说了！”四五个声音几乎同时响起，彼此咬在一起。

　　“哪里说了？”

　　“阅读材料第三页。”冉思睿压过其他人的声音，“我们在珊瑚的丛林里穿行了三个晚上，那里像一座华美的神殿。遇到一艘潜艇卡在那里，不知是哪国的，我们出手救了它。”

　　“这……这也太隐蔽了吧。既然是为了回答前面的神秘事件，为什么不在这个地方展开写一写呢？作者故意要让我们当侦探吗？”

　　“好问题。”马老师接过来说道，“为什么呢？为什么不展开写，却仅仅一句话带过这个关键时刻？作者前面给了我们预期，也许有人会期待出现一个满意的回答，一个激动人心的时刻，但得到的却是这样一个微不足道的描述。为什么？"

刚才的喧哗归于沉默。这时，我看见彭子涵举手了。小小的手，刺猬的样子，依然是怯生生的动作。

"我们之前的课堂上，老师经常提到视角的问题。我觉得这里也和视角有关。第二个故事是陈透纳的日记，所以他记载的是自己的经历。他和我们读者是不一样的，因为他不知道博尔赫斯的硬币，也不知道爷爷在具体干什么，只知道他在进行科学考察，而且那已经是很久之前的信息了。所以，在海里拯救一艘潜水艇，对他来说不是什么值得大书特书的事情。他不知道里面有他的爷爷。就像他后面说的，他甚至认为那艘潜艇是另一个人的幻想。对于一个孩子来说，这样的举手之劳远远没有躲避沧龙，和一只虎鲸交朋友这些事情值得记录吧。"

她真的很敏锐。

"谢谢子涵提醒我们关注到视角的问题。田芳，对这个回答满意吗？"

"满意满意。"她赶紧笑着说。

"刚才我们讨论的是这篇小说特殊的结构，故事套着故事。在进一步讨论之前，我想和大家一起回到这篇小说的开头。这篇小说开始于一首诗，博尔赫斯。第二节课，我们曾经阅读过博尔赫斯的《南方》，大家应该还有印象。现在，我们不如先来读一下小说中的这首诗《致一枚硬币》，看它会不会给我们带来一些启发。或者具体一点来说，既然小说从这首诗开始，它会不会也和这个故事有关呢？我相信一定有人在阅读的时候发现了这个问题，然后找出诗歌读过了。"

马老师一边谈论，一边把印有《致一枚硬币》的阅读材料发给我们。发完以后，她把所有人分成三个小组。

"先仔细阅读。然后讨论这首诗，并且尝试回答：这首诗和这个故事有关吗？"

致一枚硬币

（美）博尔赫斯　陈东飚 译

在这狂风暴雨的寒夜我从蒙得维的亚启航。

拐过塞罗的时候，

在上甲板，我丢下了

一枚硬币，它煜煜发光，又沉入泥浆，

一件光明的事物，被时间与黑暗吞没。

我感到，我做出了一件不可挽回的行动，

在这颗行星的历史中加入了

两个连续的，平行的，或许无限的系列：

我的命运，它是由忧惧，爱与徒劳的兴败组成，

以及那个金属圆片的命运，

流水将把它带到温柔的深渊，

或是茫茫大海，大海仍在啮咬着

萨克森人或维京人的赃物。

我睡梦与警醒的每一个瞬间

对应着那盲目的钱币的另一个瞬间。

有的时候我心怀愧疚之感，

有时，则是嫉妒，

因为你置身于时间与它的迷宫，像我们一样，

却一无所知。

　　我静静地读了第二遍。相比于恍然的第一次，

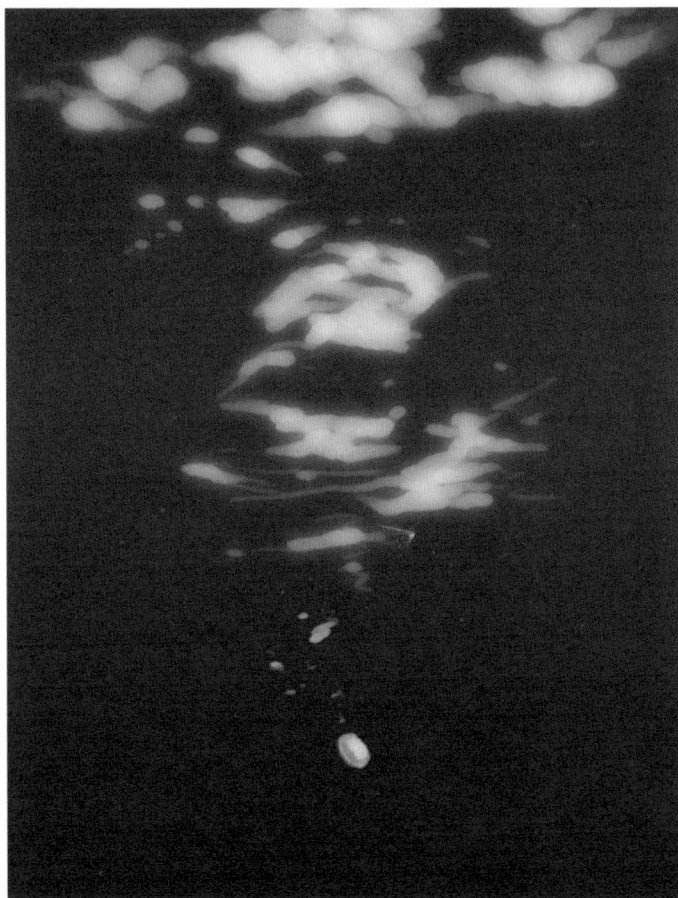

某些感触开始浮现。那个金属圆片的命运在我身体里渐渐清晰。

王渺也已经读完了。她若有所思地把脑袋搁在桌面上，嘴巴一张一合。洪乐手指着诗行中的某一段，神情委顿，像是犯了错。他俩一会儿该不会吵起来吧？

"这个'你'指的是谁？"洪乐突然发问道。

"哪个你？"我赶紧回应。

"因为你置身于时间与它的迷宫，像我们一样。"

"是那枚硬币吧。"

"有没有可能是我们读者？"

"不会吧，"王渺轻声说，"上面说我的每一个瞬间，都对应着钱币的另一个瞬间。"

"所以，你怎么理解这首诗？"

我看着王渺。

"是不是在说，我们的命运就像硬币一样，在大海中浮沉，被侵蚀，最终渐渐消失？"

"嗯，有道理。"洪乐点头说道。

"是不是也可以反过来？"我说，"硬币的命运也像我们一样。或者说，硬币被赋予了一种神秘感，变得和我们一样，好像具有了生命。它迷失于时间和空间的迷宫中，就像我们迷失于情感和生命的迷宫中一样。这样说好像有点过了。但我觉得硬币和诗人的关系很复杂。"

洪乐点了点头，对我说："我同意你这种感

觉。尤其是这一句：流水将把它带到温柔的深渊，或是茫茫大海，大海仍在啮咬着萨克森人或维京人的赃物。这一段好像在写硬币所属的群体，或者在漫长的时间中，一个又一个硬币相似的遭遇。他给了硬币和人同样重要的地位，不仅仅是作为一个象征。"

"呃，你们在说什么。"王渺显得有些无精打采。

分享的时候，洪乐试着把我们刚才的表达阐述清楚。有人理解，也有人茫然。悠悠说他们正好可以在这个基础上分享他们的讨论。她提到了第一小节的最后一句：一件光明的事物，被时间与黑暗吞没。她说这句诗讲述的是大多数人看待这个举动的方式。硬币落入深海，就没了。吞没这个词语代表着它没用了，也必定会被遗忘。但接下来正是诗人的思考，让硬币具有了生命。或者说，是诗人的想象，对硬币的"关注""关心"，让它重新被看见。所以——

说完"所以"，李悠悠坐了下来。

白江宏站了起来。所以，他接着说，从诗人的位置再往前走，诗人就是硬币，硬币也就是诗人。诗人可以想象硬币的遭遇，甚至变成硬币，来感受它的遭遇，这不就是接下来的故事里陈透纳的想象力所达到的效果吗？我们的主人公可以用想象力进入任何世界。

"我觉得这样想有些勉强，"彭子涵令人惊讶地质疑道，但"勉强"两个字被她按住，拖长，显得有些柔软。"也许不能说勉强。就是有点……我试试看能不能从另外一个角度谈一谈我的看法吧。我觉得博尔赫斯没有想要进一步,去变成硬币。他强调的是两种命运之间神秘的对应,或者换一个词语——"

她停住,然后继续开口道:"呼应。对,这个词语更好一些。因为这种呼应,所以他能感知硬币的遭遇。但不能说他成为了硬币,因为他很快意识到自己和硬币的不同。最后一行是一个证据,我们和硬币都置身于时间与它的迷宫,但我因为硬币对这一点毫无所知而心生嫉妒。那么很明显,人类是知道的,人类知道自己身处迷宫中,并且为此感到痛苦,而硬币却不会痛苦。所以,诗人没有变成硬币，他做不到。我觉得悠悠前面的表达是关键。这种想象背后是关心。关心其他世界，关心其他存在。正因为这种关心，所以陈透纳才愿意去想象，哪怕面对的只是一幅静止的图画。想象的极致在这本小说里是影响到现实。这只是一个写作的手法而已，或者写作者的游戏。关键还是这种关心。所以，小说最后，当主人公决定改变自己时，他正是把自己对遥远之物的关心扔掉了，开始考虑生活的需要。当然，我觉得我们都在过度阐释。不过……算了。"

她坐下了。

"不过，这样的过度阐释很美妙，对吗？"马老师和彭子涵相视一笑，"我当然是赞成这种过度阐释的。这证明你在思考。在阅读中，思考是最重要的。有思考习惯的读者会过度阐释，但也有能力回到作者那里，或者回到作品的字句和结构上。既然我们在这首诗里谈到了硬币，我们不妨顺便看一下小说的结尾吧。从硬币始，以硬币终。"

我翻到文章的结尾，和其他人一起观看最后一个段落：

公元 2166 年一个夏天的傍晚，有个孩子在沙滩上玩耍。海浪冲上来一小片金属疙瘩，锈蚀得厉害。小孩捡起来看了看，一扬手，又扔回海里去了。

"意味深长呀。"冉思睿静静地说道。

"有什么意味呢？"马老师追问。

"故事一开始，那么多人花了那么大工夫要打捞这枚硬币。我记得小说里甚至提到这枚硬币可能已经消失了。但结尾就这么轻飘飘地告诉我们，硬币被一个小孩捡到了，而且这个小孩一点也不珍惜，竟然又随手扔回海里去了。实在是一个有趣的对比，既荒谬又留有想象的空间。"

"我想到了刚才彭子涵提到的诗歌的最后一句。"白江宏接着说，"因为你置身于时间与它的迷宫，像我们一样，却一无所知。我觉得这个结尾是对这句诗的呼应。2166，一百多年后。为什么是这个时间？为什么在这个时刻硬币被冲到了沙滩上？真的像一个迷宫。硬币竟然没有消失，还活在时间里。而且在这个结尾的叙述中，硬币完全是被动、无生命的。他被一个小孩嫌弃地扔回海洋。这种感觉和'一无所知'四个字中的感觉很像。"

"所以，为什么作者要让一个小孩捡到硬币呢？"王渺问道。

"因为小孩才会在沙滩上捡东西呀，"李昊然说，"哪怕是一个难看的金属疙瘩，也要捡起来看一看。"

"有没有另外一种可能？"李悠悠的口吻有些迟疑，"对不起，我也要过度阐释了。我突然有一种感觉，那个富翁需要这枚硬币，是因为他不像陈透纳一样富有想象力，所以他只能依靠博尔赫斯的作品获得类似的东西。但是孩子，不需要博尔赫斯，当然也不需要一枚属于博尔赫斯的硬币。他在自己的想象力中悠然自得。所以让一个孩子把这枚硬币扔回海里非常自然而且恰当。"

我相信作者没有这样的意图，但并不影响我沉迷于悠悠的"想象"。

马老师点头说道："我们又来到了对孩子的赞美。但作品让孩子最终长大成人，失去了想象力。或者说得准确一点，是主动放弃了自己的想象力。大家如何看待这一选择呢？王渺在课程一开始的时候说这样的改变让人无法信服。其他人的意见呢？"

"还好吧，生活中也经常会有这样的时刻。就像一开始洪乐说过的，某个人突然做出了一个重大的决定，看起来毫无理由。"冉思睿说。

"问题就是，作者选择了第一人称。所以我们看到了主人公在这个时刻是怎么想的。他那些想法，什么我要争气，就业结婚这些概念突然出现在面前，然后他就不再沉迷想象了。虽然作者给了三天犹豫的时间，但我觉得还不如把这些思考的过程去掉呢。"

我觉得王渺说的有点道理。一个庸常的回答远远不如一次神秘的沉默。

马老师若有所思地回应道："是一个很有意思的批评。也许你可以试着修改一下这个时刻，当作一个写作练习。不过，我们先不讨论作者写得如何。我们来聊一聊，你怎么看待主人公的选择，他为了父母，为了生活，或者为了其他某些需要，最终放弃了想象力。"

"我有一个智商很高的思考。"

"你说，昊然。"

"从正常角度来看，陈透纳做的那些梦呢，当然很不切实际。但这本书呢，还有另外一个同样不切实际的人，就是那个富商。他竟然花那么多钱，开着潜水艇让人去大海里找一枚硬币。"

"不是他开着潜水艇。"洪乐嘟囔着提醒他。

"哎呀不重要，关键是这个想法，对吧。而且都是开着潜水艇在大海里晃荡。但是呢？富商这样做了，没有受到阻拦，直到病死这件事情都还能继续下去。但是，陈透纳就不行了，他必须为了所谓正常的生活放弃自己的梦想。这种对比说明了什么呢？要经济独立呀，朋友们。得有钱才能够保护我们的梦想。"

李昊然说得慷慨激昂。大家乐呵呵地笑着。

然后是白江宏。

"坦白地说，我认为李昊然同学的回答实在是真知灼见。我真的不是在挖苦。经济独立很重要。但事实是，主人公是个孩子。大部分孩子是没有这个机会获得经济独立的。所以，陈透纳放弃自己的梦想几乎是必然的。这就是长大成人的残酷，在获得经济独立之前必须要放弃孩子身上的某些东西。而作者也设计了一个相当有想象力的时刻来匹配这种悲剧的感觉。在他的描述中，想象力是有颜色和形状的，像一团鬼火。并且很有趣的是，作者这样写道：我想象我的想象力脱离了我，于是它真的就脱离了我。让想象力来拿走想象力，虽然很难理解，但却很有趣。我觉得这种有趣在某种程度上降低了这个时刻的悲剧感。"

"谢谢江宏，必然的悲剧。少楠？"

"不管是不是必然，我觉得小说的目的是希望我们看到想象力的魅力。这种积极的态度是我阅读的时候感受到的。也就是说，尽管最终消失了，但他毕竟经历过。所以，尽管去追求好了。"

"不在乎天长地久，只在乎曾经拥有。"

王渺的总结唤起哄堂大笑。

"有点俗,但概括得倒蛮精准。"马老师笑着说,"这确实是一个很难聊出什么新东西的话题。现实与梦想,勇气与放弃。好像就只有那么点内容可以聊。不如我们另辟蹊径,先来看一个类似的故事吧。当然,是否类似,每个人的判断可能不一样。"

大家等待着。闲置已久的屏幕上出现了四个字:**伊卡洛斯**。

"哦——"洪乐发出一声漫长而又曲折的应和。

"看来洪乐可以和我们分享一下伊卡洛斯的故事。"

"作为希腊神话的粉丝,非常乐意分享。伊卡洛斯是代达罗斯的儿子。代达罗斯是谁呢?希腊人尽皆知的一个手艺人,大概类似于我们的鲁班吧，能做很多东西。代达罗斯因为某种原因被困在了克里特岛。他在那儿建造了著名的迷宫，大名鼎鼎的牛头怪迈诺陶就住在里面。反正，代达罗斯想要离开克里特岛，于是就收集羽毛，为自己和儿子伊卡洛斯做了两对翅膀。他告诫伊卡洛斯，飞的时候不能太高，不能靠近太阳。因为翅膀主要靠蜡连接，靠近太阳的话就会熔化。结果当然就是，伊卡洛斯控制不住自己，越飞越高，蜡熔化了，他最终掉入大海淹死了。"

"相当不错。看来我不需要补充其他细节了。这些内容对我们认识伊卡洛斯就足够了。"

"但是，"悠悠禁不住问道，"这和《夜晚的潜水艇》不一样吧。"

"当然不一样。不过，当我们在两个故事之间做出联想时，除了看到不同之处，同样重要的是能否发现那些相似的内容。"

我举起手。

"两个故事也许都在告诉我们长大就要服从生活中的规则。无视这些规则，沉迷于孩童般的幻想，结果就会很惨。当然，《夜晚的潜水艇》像是站在孩子的位置上发出来的叹息。但这个故事，听下来仿佛是成年人的教导。"

"确实，这个故事给人的感觉是，伊卡洛斯自作自受。"洪乐说道。

"还有，"冉思睿说道，"两个故事中的孩子，陈透纳和伊卡洛斯，他们做的事情都是不切实际，甚至是荒诞的。当然反过来说，也可以称之为非常浪漫，宛如童话。一个是在天上飞，一个是在海底游玩。"

"希腊神话在西方的历史中流传了两千多年。同样一个故事可能会有无数种解释和态度。我一直很喜欢关注这种不同的理解。所以，我特别选择了以伊卡洛斯为主题的三幅绘画作品，想让大家探究一下这几位画家可能是如何看待伊卡洛斯的。这三幅作品分别是荷兰画家勃鲁盖尔《有伊卡洛斯坠落的风景》、法国画家马蒂斯《伊卡洛斯的坠落》和英国画家赫伯特·詹姆斯·德雷珀的《伊卡洛斯的哀歌》。我会将这三幅放大的作品分别张贴在这个房间的三个角落。大家可以走到自己喜

欢的作品面前，相互聊一聊。也注意回应这个问题：**作者对伊卡洛斯可能是什么态度**。"

大部分人在三幅作品之间徘徊。勃鲁盖尔的那幅画面前站着最多人。一开始，大家一片茫然。伊卡洛斯呢？翅膀呢？天空中什么也没有。整幅画面安静地如同一场骗局。

是李昊然首先发现了那双腿。大家随之发出一声惊叹。

但我最后停在了马蒂斯那儿。相比于另外两幅油画，这一张显得粗糙极了。

"他像在跳舞。很自由的感觉。"是王渺。另外还有梁少楠。

"对呀，"我回应道，"色彩如此鲜明。红

色的心脏在画面中央一目了然。太有冲击力了。还有这些黄色的部分。应该指的是阳光吧。但是看起来像小精灵，或者像一只鸟。它们好像和伊卡洛斯在一起跳舞。整幅画面是一种享受的状态。"

"马蒂斯肯定觉得，人生就应该像伊卡洛斯一样，为了追求自己的梦想，哪怕死亡也在所不惜。我觉得这幅画应该不是画出来的，而是剪出来的。他把伊卡洛斯的腿剪得那么粗，应该不是偶然的，而是要制造一种下坠的感觉。我自己也画画。明天晚上我就得去画室了。到时候我要问一下老师这幅伊卡洛斯背后的故事。"

"真羡慕你。我也想学画画。但已经抽不出时间了。"

梁少楠站在我左手边，一言不发地注视着对面的书架。

"你觉不觉得，喜欢哪幅画，很反映一个人的性格哎。"王渺像是发现了什么似的扬声说道，"梁少楠，你为什么喜欢这一幅？我以为你们男生都会喜欢有女人那一张呢。你看洪乐就很坦诚。"

梁少楠的表情别扭地萌动着。王渺冲我吐了一下舌头。

"我就是喜欢这种简单的风格。你刚才说的没错，这是马蒂斯的剪纸作品。当时他得了癌症，只能坐在轮椅上。"

王渺惊讶地看着他。梁少楠别扭地笑了笑。

马老师提示我们安静下来。王渺发出的疑问被迫断掉。

勃鲁盖尔的那幅画周围站了五个人。而《伊卡洛斯的哀歌》旁边，有仙女的那一幅，只有洪乐一个人孤零零地伫立在那儿。但他要求第一个进行分享。

"我知道大家为什么没有选择这一幅。相比于另外两幅画，这一幅显得太普通了。当然，也可能大家不好意思站在这儿。但这是艺术。"他故意抿着嘴，挤出一个笑容，"先回答一下老师刚才的问题，这幅画对伊卡洛斯可能是什么态度和感情。既然叫作哀歌，我觉得态度就是哀怜了。这也符合我对伊卡洛斯的看法：过犹不及。为了愉悦忽视人类的边界，最后只有毁灭。但是，他毕竟是一个孩子，我们不应该那么严厉——虽然这幅画里，他一点都不像一个孩子。这也是我的态度：批评中饱含同情。但我选择这幅画不仅仅是因为这种态度，而是我觉得，这幅画真的很美。无论是人体——不仅仅是这些仙女的身体，也包括伊卡洛斯的身体，还是色彩的柔和，还是这双像一只贝壳一样保护着伊卡洛斯的巨大翅膀，都让我觉得有一种审美上的享受。你们呀，"他对着所有人摇头，"都让理性代替了感性。"

我当然不同意他的鬼扯。但彭子涵开始发言了。我安静下来，听她的分享。

"要说到感性的冲击力，我觉得三幅作品都有这种效果。《伊卡洛斯的哀歌》色调比较阴郁，总体是一种悲伤。但是《有伊卡洛斯坠落的风景》就不一样了。乍看上去，一片明亮，天空是亮的，色彩也是亮的。前景中，一个农夫在耕田，下面是牧者和牛羊，真是一派安详的生活气息。但只有当你发现了角落里那双腿之后，你才能意识到这幅画里面所隐含的残忍。画家真的好厉害呀，他利用了对比——死亡和平静生活的对比，把伊卡洛斯放到那个不起眼的小角落，还故意在他前面安放了一个捕鱼的人，而捕鱼的人却没有看见他。这一切制造了一种强烈的真实感，虽然神话本身是不真实的。这种真实背后的声音也许是：一个人的梦想和死亡对这个世界是微不足道的。

　　"我们也可以在这个逻辑上回到《夜晚的潜水艇》。主人公陈透纳那些梦幻的想象，对于父母和身边的世界来说，也是微不足道的。这个世界有自己的规则，就像这幅画告诉我们的，生活的规则，耕田、捕鱼、放牧，每个人都要努力地活下去。学习、工作、结婚，就是父母眼中这个世界的规则。你反抗不了的。或者你的反抗不被人理解，也不被这个世界重视。虽然，我又要过度阐释了，作者特意让主人公利用想象力救了另外一艘潜水艇，仿佛在告诉我们，他的幻想并非微不足道。但潜艇在一年后不还是失踪了吗？所以作者也不想那么浪漫吧。"

轮到最后这幅画时，王渺推了推梁少楠。但他摇了摇头，甚至后退了一步。于是，王渺把我们聊到的色彩、舞蹈和梁少楠补充的知识像背书一样一股脑儿说完了，语调平淡地令人乏味。然后她停顿了一会，马老师以为她已经说完了，几乎张口的时刻，她又激动地说道：

　　"所以，就应该这样度过一生呀，能在那样一种距离里感受太阳，俯瞰大地，"她又停一下，语气开始坠落，"也不一定会死的嘛。所以，我就是不喜欢这篇《夜晚的潜水艇》。让那些陈俗滥套如此轻易就把那么珍贵的幻想打败了，感觉就像是作者妥协了。我的意思不是说就应该写主人公在梦里永远不回来了，而是作者那一段给了我这样

的感觉：反正早晚要妥协，把变化写清楚就行了。我不能接受。"

马老师依旧认真地点了点头。她总是这样纵容我们，真的好吗？

"王渺对这个片段有这么大的情绪，确实是我没想到的。但我真的很喜欢她这种倔强，甚至在一定程度上认可她刚才的某些表达。不过话说回来，这可是这位年轻作家的第一本小说集呀。我当然不是说应该因此更宽容，而是不希望有人仅仅因为这一篇作品产生偏见。我把整本小说集送给你。"她对王渺说，"相信你读完以后，会喜欢上某些故事的。"

王渺笑着点了点头。

"当然，也希望你保持这样的挑剔。好了，今天的课程差不多了。下节课需要完成的阅读内容很少，只有一篇小说，《昙花、鹤和鬼火》*，作者汪曾祺。"

马老师准备发材料的时候，悠悠已经兴奋地冲到了我面前。她说她很喜欢汪曾祺。你也会喜欢的，她对我说，明天我就把汪曾祺的两本书快递给你。

大家陆陆续续走下楼梯。但我还不想回家。我开始翻看汪曾祺的这篇小说，也是一个孩子的

---

* 中国当代著名作家、散文家汪曾祺的一部短篇小说。

故事。读完以后，二楼只剩下我一个人。我走到中国文学的书架前，找到汪曾祺的作品：《人间草木》《受戒》《汪曾祺小说选》……旁边是沈从文的小说《边城》。

一个小时后，我被爸爸的电话惊动，才发现已经九点半了。我正读着《双城记》扉页上的介绍。

上次在书店这样游荡是什么时候？想不起来了。

进入初中以后，我所有的书都是在网上买的。没办法，作业太多，没有时间。但现在我才发现，在书店是一种完全不同的体验。书架上，每一列书脊上的文字都像是一个邀请，轻轻抽下，翻开，一次相遇就开始了。适合你的书店会制造许多激动人心的相遇。

我看了一眼手上的四五本书，既兴奋又觉得惋惜。我只能留下一本。

那就阅读托尔斯泰吧。

我拿着《安娜·卡列尼娜》，朝楼下走去。

第 **8** 节课
长大与经验

我经常去一家小馆子，吃云吞。

店名很直接，就叫陈记鲜虾云吞面。店很小，大概十平米。靠墙只有两张长桌和一个小方桌。五六个人便满座了。说墙并不准确，实际上是另外一个卷帘门，脚尖碰到时会发出哗啦啦一阵声响。脚尖碰到是常有的事，因为桌面只有笔记本电脑那么宽。有时候忘记了，想做出二郎腿的姿态，于是"轰"的一声，便炸出一阵雷鸣。这个时候，我总会不好意思地斜着眼睛望一眼老板。但他永远不作反应。

他大概只有二十多岁，又瘦又高，戴一副眼镜，像一个大学生。我永远是四个字：鲜虾云吞。他也永远一样地回应我：好的。吃完了，我什么也不说，他也不会看我一眼。

云吞只有鲜虾一种。此外便是各类竹升面。我其实不怎么吃云吞，但爱吃虾。他们家的虾，包在一层薄薄的云吞皮里，口感极好。我猜他家用的是海虾，因为有一股淡淡的咸味。

馆子小，客人也少，大概是坐落在小区中的缘故。这是一个极其拥挤的小区，入口处立着一个旧式的门楼，上面写着"渔二村"。小时候我不理解，这怎么会是一个村子。问我爸爸，他说这个地方很久之前是一个渔村。有渔二村，是不是也有渔一村？他说，是的。

于是这一天，在写着"渔二村"的门楼下，我刚吃完云吞，走出小区的时候，迎面遇见了白江宏。

我想退回去，但已经来不及。他看到我了，笑着打招呼。我只好迎面走过去。

他正准备走去书店。我也是。我们便一路同行。

我们要走上一公里左右。望海路上，凤凰木曾经红得灼目，如今只是一片青翠。豆荚般的果实磕落在地上，听不见声音。

白江宏问我，汪曾祺读得怎么样。我便从书包里掏出小说集，一一指给他看。我说，我最喜欢《受戒》和《大淖记事》，还有《岁寒三友》。有很多篇都比《昙花、鹤和鬼火》要好，不知道老师为什么选了这一篇。

　　他说这一篇读起来怪怪的，说不上喜欢。

　　我说他的小说和我们之前的都不一样。很好。但至于好在哪里，我也说不清楚。也许，我指着一棵凤凰木说，就像一棵树，自然不造作，但别有姿态。他是沈从文的学生，所以风格上也比较接近于沈从文。

　　是有点《边城》的味道，他说。然后是零零落落的聊天。宁静的海，人才公园，学校的课程，未来的打算。我们不约而同地走入那条狭窄的小径。一个人都没有。黄昏的阴影落在草坡上。他突然说，一只鹤。我扑哧一声笑了，说，你把自己当成李小龙了吧。他快着步子，拨开一个树枝。果然是一只鹤。

它的身体是塑胶做成的。直立的那条腿断了，露出锈蚀的铁丝，倚靠在树干上。

他说反正离书店不远了，不如把这个断了腿的鹤带过去。我觉得是个好主意，便和他一起在草坡的水龙头那里把它洗了，然后擦干。我以为需要两个人抬着，但其实很轻。于是由白江宏托在手中，我们到了书店。

几乎每一个走进来的同学都被这只残废的鹤迷住了。我和白江宏以及马老师不得不一次次解释它的由来。

等到课程开始的时候，它已经神奇地立在了长桌中央，被一堆书围拢着。

"真是一次神奇的巧合，像是请了故事中一个角色来到了课堂。也许它的存在会影响到我们的讨论呢。王渺，这篇小说你喜欢吗？"

不等王渺回答，便听见李昊然的一声喊叫："这是小说吗？我怎么觉得是散文？"

"嗯，昊哥真是敏锐。"

由于在微信群里滔滔不绝的发言，他已经被大家亲切地称呼为昊哥了。

王渺接着说："说实话，一开始我也有这个困惑。但转念一想，它是属于小说还是散文似乎也没有那么重要吧，关键是讲了怎样一个故事。说实话，我是比较喜欢这种风格的，很平淡，就像我们的日常生活一样。而且，作者的文字很特殊，没有华丽的修饰，句子比较简单，但又有一种特殊的味道。读起来的感觉，有点像我最近美术课上欣赏的印象派绘画。"

"这个联想很有趣——"

"我也想分享一下我阅读时候的感觉。"洪乐显得有些兴奋。他说完这一句便停下来，等待着。

马老师对他的打断不以为意，点头示意他说下去。

"刚才王渺说她想到了印象派绘画，一下子点醒了我。我也很喜欢这种风格，但之前也说不清楚到底什么地方让我喜欢，王渺说完，我脑子里立马就出现了一个答案。我发现汪曾祺的作品——我在网上又找了《受戒》来读，有点像古诗给我的感觉，尤其是绝句，比如我们第一节课读王维的《山中》，或者王昌龄的《闺怨》。一个小小的情绪和感受，放在生活中很容易被其他人忽略，但对李小龙自己很珍贵。虽然情节没有太大的起伏波动，但汪曾祺能通过这种微小的时刻，让我们感受到人物的情感和生命。"

　　"很有趣嘛，印象派绘画、古诗。借助熟悉的东西来理解另外一种不太熟悉的内容，这是一种很好的习惯。但我想回到李昊然的疑问上。还有哪些同学觉得这不像是一篇小说？"

除了李昊然以外，白江宏、冉思睿，还有田芳都举手了。

"田芳，你觉得小说应该怎么样？为什么这一篇会让你觉得不像小说？"

"小说的情节会很曲折吧。在我们语文课上，老师说情节一般由开端、发展、高潮、结局四个部分组成，还能画出一个倒 U 字型的曲线。而《昙花、鹤和鬼火》这一篇完全说不上曲折。虽然单独是三个故事，每一个也可以找出高潮的时刻，但有些勉强，一点也不激动人心，真的太平淡了。还有就是，小说里面很多细节描写都是有用的，或者埋下线索，或者塑造人物。但你说，'鹤'这个故事需要花那么长的篇幅来描写李小龙路上的所见所闻吗？好像去掉其中一半的文字，故事也没啥影响。"

"白江宏？"

"我也觉得这不是一篇常见的小说，不够戏剧性，人物塑造显得随心所欲。不过，小说为什么不能这样写呢？一定要波澜壮阔吗？所以我不是从这个角度进行质疑的。我觉得是不是小说的关键在于是否虚构。我读的时候就觉得这篇作品生活气很足，给我一种真实感。当然，你也可以说，这种生活气恰恰来自于小说情节的淡化。但只有感觉远远不够，关键还得有证据。所以我在网上搜了一下，发现很多情节确实是真实的。比如李小龙上学放学路上的描述，就和当时高邮县城的布局一模一样。汪曾祺的父亲喜欢刻图章，他自己也确实和父亲学过刻图章。另外，就是汪曾祺的儿子曾经问他，李小龙是不是就是你自己。他回答说是的。那么，这个故事可能大部分都是真实的，只有一小部分是虚构的。所以，它还是小说吗？这就是我的质疑。"

马老师问冉思睿有没有要补充的。她摇了摇头。我这才注意到她染了头发。灯光映照下，能看到淡淡一层酒红。

"到底是小说还是散文呢？或者像有些评论家说的，散文化小说，甚至诗化小说？我也没有答案。

但我很喜欢汪曾祺自己的一个回复。"

屏幕上出现了这么一行字：

散文诗和小说的分界处只有一道篱笆，并无墙壁。（《晚饭花集》自序）

"当然，汪曾祺谈的是散文诗和小说的关系。大家也许在语文课本上读过散文诗，比如鲁迅的《野草》。那是介于散文和诗歌之间的一种文体。现在汪曾祺说，散文诗和小说的分界处只有一道篱笆，并无墙壁。他在强调什么呢？篱笆和墙壁有什么区别？"

悠悠说："墙壁是一种绝对的边界，建立墙壁就是为了阻止人跨越。但篱笆不一样，篱笆不影响观看，我们可以一览无余地看到篱笆另一面的景色。甚至，我们可以轻易地跨过去。所以，汪曾祺的意思大概是，散文诗和小说这两种题材之间没有绝对的分界，甚至可以互通。散文诗里可以有小说的影子，小说中也可以包含散文诗的元素。我自己也觉得，文体只是帮助我们理解作品的一种方式，而不是束缚阅读和写作的围墙。"

"谢谢悠悠的解释和自己的观点。我很喜欢她说的最后一句话：文体只是帮助我们理解作品的一种方式，而不是束缚阅读和写作的围墙。想要更真切地感受汪曾祺的与众不同，理解他的作品跨越不同文体的特点，最好的方式是更多的阅读。

希望这节课能够推动大家拿起汪曾祺的作品集。

"现在让我们回到《昙花、鹤和鬼火》。这篇文字中有三个故事。一个和昙花有关，一个和鹤有关，一个和鬼火有关。

"我们先来做一个调查，你最喜欢三个故事中的哪一个呢？喜欢昙花这一部分的站到桌子的左侧，喜欢鹤的站到右侧，鬼火这一篇站到对面。"

我在前两篇之间犹豫。昙花虽然短小，但那种如梦似幻的感觉很吸引我。第二篇的节奏总是让我想起自己，从学校回家的路上，以及来往于公园的游荡。

这时，我看到悠悠在向我招手。于是我站到了右侧。

右侧除了我和悠悠，还有子涵和梁少楠。鬼火那里站着王渺、李昊然、冉思睿和白江宏。对面，选择昙花的只有洪乐和田芳。

"有意思。虽然有点不平衡，但是不影响讨论。现在呢，站在一起的就是一个小组了。你们要讨论的对象就是你们喜欢的这一篇文字。你们可以先聊一聊这一篇的写作和细节，然后完成三个问题。前两个问题是共同的。首先你们需要在这张色卡上找到最接近这一篇作品的色调，也就是说，这个故事带给你们的感觉、感受或者触动，最接近哪一个色彩带给你的感受。然后把这个小旗子钉在相应的颜色处。"

马老师展示了三个小旗子，只有指甲大小，

分别粘在三枚大头钉上。旗子上分别写着"昙花"、"鹤"和"鬼火"。

"第二个问题，请讨论一下这篇文字可能的主题。它讲了一个什么故事？它主要在谈论什么？请把你们的答案浓缩成几个词语写在卡片上。"

"至于第三个问题，"马老师走向我们，"每个组不一样，写在这张纸条上。"

大家迫不及待地打开。我们的问题是这样的：

从"初中在东门里"到"去年冬天"这一大段关于李小龙上下学路上的描述有必要吗？

正是田芳的质疑。

自然而然，我们从这个问题开始了。当然是有必要的，但为什么？

悠悠说，一个显而易见的作用是结构上的，第三个故事需要这段描述。他遭遇暴雨，夜色很浓，其中的危险依赖于我们对整个地理环境的认识。

子涵接着说，而且整个描述是以李小龙的视角展开的。我们可以在很多细节中感受这个人物的生命状态。比如他对蔬菜和芝麻的好奇，他对于贞节牌坊的不理解，他对傅公桥的疑问。一个正在成长中的少年，有好奇心、有思考、有观看。这对于我们感受李小龙很重要。

我点点头，看了看梁少楠。他没有说话的意思。

我开始补充。这也和故事的主题有关吧。无论是下面红色的河流还是极不寻常的鹤，都是他生命中陌生的东西，一种神秘的体验。这种陌生和神秘因为前面的描述被放大了。这些描述——一路上的风景和地点都是他熟悉的，看了几百遍。但突然有一天，不寻常的事物出现了，那一定会让这个少年留下极其深刻的体验，而且是独特的体验。所以最后才会说，以后看到的鹤都不再是李小龙的那只鹤了。

说到这里，大家不约而同地看了一眼桌子中央的雕塑，仿佛它就是那只鹤。

那么，梁少楠终于开口了，这个故事讲的是少年成长中神秘的体验？

算是吧，悠悠说道。

还有成长，她补充说。

还有审美，彭子涵说。

五分钟后，我们把小旗子插到了左侧红黄之间的位置。昙花组已经在上面了，灰蓝色。半分钟后，鬼火的小旗子落在蓝绿中间，也许是松石绿？

　　在《人鼠之间》的课堂上，我们已经使用过色卡来表达自己的感受了。又一次体验，让我有了一些触动。

　　文学不是科学，理性和语言常常是有限的。所以借助这种模糊的感性方式，借助这种"自以为是"的比对，我们似乎获得了某种自由。其中既有理解文本的自由，也有展示自己生命经验的自由。毕竟，我们每一个人对于色彩的感知是如此的不同……

　　王渺说，她认为蓝色代表勇气，绿色代表美，

当然鬼火也经常是绿色的。但是，李小龙眼中的
鬼火既有令人恐惧的一面，也有美的一面，甚至
美是更重要的。这是一个关于成长的故事，是一
个战胜自己恐惧的故事。但同时，它也是一个在

生活中发现美的故事。

我本来以为大家选择的主题词语中，共同的是"成长"。三个故事都在讲述一个孩子的成长。但洪乐展示的卡片上，写着两个词语：美好、梦幻。

美，成为了共识。

他们的问题我也很关注：如何理解最后一句话"于是李小龙有了两盆昙花。一盆在他的床前，一盆在他的梦里。"

洪乐说，昙花的美具有一种梦幻的气质。它在夜晚开放，几乎只是一瞬间，而且那么美。整个故事都在写李小龙对这种美的期待，昙花就要开了，昙花还没有开。简单的两句话把他期待的心理状况写得如此准确。对于一个少年来说，那样

一种时刻确实像一个梦一样。我们用梦想来指代美好，指代我们对未来的期待。所以，最后这句话，一方面是就事论事，因为他确实做梦梦到了昙花，但同时也是一种隐喻。床前的花已经谢了，但那个时刻会永远留在他的记忆中，作为美好的象征，像梦一样，一直陪伴着他。

马老师似乎在有意识地控制时间。课程已经进行了四十分钟。等大家分享完以后，她一边肯定着大家的思考，一边拿出一叠材料。

"除了《昙花、鹤和鬼火》，汪曾祺还创作过另外一篇以李小龙为主人公的小说。很短的一篇小说，只有一千多字。所以我没有让大家提前阅读，而是希望我们一起在课堂上进行阅读。这篇小说的名字叫作《晚饭花》。"

果然很短，恰好走完一页纸。

"阅读的时候，我们先来思考这个问题：为什么汪曾祺选择'晚饭花'作为小说的题目？"

晚饭花

1 李小龙的家在李家巷。

2 这是一条南北向的巷子，相当宽，可以并排走两辆黄包车。但是不长，巷子里只有几户人家。

3 西边的北口一家姓陈。这家好像特别的潮湿，门口总飘出一股湿布的气味，人的身上也带着这种气味。他家有好几棵大石榴树，比房檐还高，开花的时候，一院子都是红彤彤的。结的石榴很大，垂在树枝上，一直到过年下雪时才剪下来。

4 陈家往南，直到巷子的南口，都是李家

的房子。

5 东边，靠北是一个油坊的堆栈，粉白的照壁上黑漆八个大字："双窨（yìn）香油，照庄发客"。

6 靠南一家姓夏。这家进门就是锅灶，往里是一个不小的院子。这家特别重视过中秋。每年的中秋节，附近的孩子就上他们家去玩，去看院子里还在开着的荷花，几盆大桂花，缸里养的鱼；看他家在院子里摆好了的矮脚的方桌，放了毛豆、芋头、月饼、酒壶，准备一家赏月。

7 在油坊堆栈和夏家之间，是王玉英的家。

8 王家人很少，一共三口。王玉英的父亲

在县政府当录事，每天一早便提着一个蓝布笔袋，一个铜墨盒去上班。王玉英的弟弟上小学。王玉英整天一个人在家。她老是在她家的门道里做针线。

9 王玉英家进门有一个狭长的门道。三面是墙：一面是油坊堆栈的墙，一面是夏家的墙，一面是她家房子的山墙。南墙尽头有一个小房门，里面才是她家的房屋。从外面是看不见她家的房屋的。这是一个长方形的天井，一年四季，照不进太阳。夏天很凉快，上面是高高的蓝天，正面的山墙角下密密地长了一排晚饭花。王玉英就坐在这个狭长的天井里，坐在晚饭花前面做针线。

10 李小龙每天放学，都经过王玉英家的门外。他都看见王玉英（他看了陈家的石榴，又看了"双窨香油，照庄发客"，还会看看夏家的花木）。晚饭花开得很旺盛，它们使劲地往外开，发疯一样，喊叫着，把自己开在傍晚的空气里。浓绿的，多得不得了的绿叶子；殷红的，胭脂一样的，多得不得了的红花；非常热闹，但又很凄清。没有一点声音。在浓绿浓绿的叶子和乱乱纷纷的红花之前，坐着一个王玉英。

11 这是李小龙的黄昏。要是没有王玉英，黄昏就不成其为黄昏了。

12 李小龙很喜欢王玉英，因为王玉英好看。王玉英长得很黑，但是两只眼睛很亮，牙很白。王玉英有一个很好看的身子。

13 红花、绿叶、黑黑的脸、明亮的眼睛、白的牙，这是李小龙天天看的一张画。

14 王玉英一边做针线，一边等着她的父亲。她已经焖好饭了，等父亲一进门就好炒菜。

15 王玉英已经许了人家。她的未婚夫是钱老五。人家都叫他钱老五。不叫他的名字，而叫他钱老五，有轻视之意。老人们说他"不学好"。人很聪明，会画两笔画，也能刻刻图章，但做事没有常性。教两天小学，又到报馆里当两天记者。他手头并不宽裕，却打扮得像个阔少爷，穿着细毛料子的衣裳，梳着油光光的分头，还戴了一副金丝眼镜。他交了许多"三朋四友"，风流浪荡，不务正业。都传说他和一个寡妇相好，有时候就住在那个寡妇家里，还花寡妇的钱。

16 这些事也传到了王玉英的耳朵里，连李小龙也都听说了嘛，王玉英还能不知道？不过王玉英倒不怎么难过。她有点半信半疑。而且，她相信她嫁过去，他就会改好的。她看见过钱老五，她很喜欢他的人才。

17 钱老五不跟他的哥哥住。他有一所小房子，在臭河边。他成天不在家，门老是锁着。

18 李小龙知道钱老五在哪里住，他放学每天经过。他有时扒在门缝上往里看：里面有三间房，一个小院子，有几棵树。

19 王玉英也知道钱老五的住处。她路过时。看看两边没有人，也曾经扒在门缝上往里看过。

20 有一天，一顶花轿把王玉英抬走了。

21 从此，这条巷子里就看不见王玉英了。

22 李小龙放学回家，路过臭河边，看见王玉英在钱老五家门前的河边淘米。只看见一个背影。

23 李小龙觉得王玉英不该出嫁，不该嫁给钱老五。他很气愤。

24 这世界上再也没有原来的王玉英了。

我读过这一篇，少年人的爱情。第二次阅读，有一种说不出的舒服。虽然仍旧是散淡，但故事首尾分明，比较完整。

为什么要以"晚饭花"作为小说的题目呢？

冉思睿抢着回答说："我认为晚饭花是王玉英的象征。晚饭花开得那么热闹，就像王玉英的美一样。但她们都被困在了清冷的巷子里。"

冉思睿说到一半的时候，马老师已经在屏幕上放出了小说中的一段文字：

晚饭花开得很旺盛，它们使劲地往外开，发疯一样，喊叫着，把自己开在傍晚的空气里。浓绿的，多得不得了的绿叶子；殷红的，胭脂一样的，多得不得了的红花；非常热闹，但又很凄清。没有一点声音。在浓绿浓绿的叶子和乱乱纷纷的红花之前，坐着一个王玉英。

"象征——嗯，反应很快啊。看来思睿对文学技巧很熟悉。她刚才提到了晚饭花的热闹。这个表述来自于屏幕上这一段，是小说里描写晚饭花最集中的部分。我们想要理解晚饭花，也许离不开对这一段的细读。谁来谈一谈这个段落？这个段落里有什么值得我们注意的？"

"这是李小龙眼中的画面，"我鼓励自己，努力把声音扬起来，"所以，我们能够感受到这一段里面的感情——李小龙的感情。首先值得注意的是晚饭花的拟人效果。'发疯一样，喊叫着，把自己开在傍晚的空气里。'多么旺盛的生命力。然后是'热闹'这个词语。热闹当然指的是晚饭花的多，叶子多，红花也多。但为什么热闹又凄清呢？我在想，李小龙看到这一幕的时候大概禁不住在做对比吧。晚饭花很多，它们相互陪伴，所以是热闹的。晚饭花才不会在意自己开在哪里呢。是巷子还是田头，对它们没有区别。因为它们总是成群成片地开着。但与之对比，王玉英却只有一个人。我们的认知中，热闹是有声音的，人类的声音。'非常热闹，但又很凄清'就是李小龙把目光从晚饭花转移到王玉英身上的时刻。与晚饭花的热闹不同，王玉英只有一个人，不可能有热闹的声音，所以很凄清。我觉得这一段里面，包含着李小龙

对王玉英的可怜，或者说，心疼。"

"所以你认为，晚饭花不是王玉英的象征，而是用来和王玉英对比的？"

"我不太确定。"

我确实不太确定。

似乎有人举手了。但马老师做了一个制止的动作。她微笑着，说道：

"其实呢，我和大家玩了一个小游戏。我发给大家的版本并不是原文。小说里还有两个句子，被我去掉了。因为我想让大家猜一下，这两个句子在小说中的什么位置。等到我们拼凑出原文以后，也许我们能够更清晰地感知晚饭花这个题目的意义。"

屏幕上浮现出这两个句子：

1. 晚饭花还在开着。

2. 她头上戴着红花。

虽然读过一遍，但我一点印象都没了。思考之后，我把"晚饭花还在开着"放到了小说的结尾。"她头上戴着红花"这一句，我在 20 自然段和 22 自然段后面犹豫。我闭上眼睛想象两幅画面，最终把它写在了"只看见一个背影"后面。

我在分享这一个选择时，谈到了色彩。臭河、淘米、还有背影，这些画面在我想象中都是灰白色的。甚至能够感觉到李小龙目光的暗淡。但是加上的这一句，"她头上戴着红花"，立马让整个画面出现了一抹亮色。红花当然是晚饭花。像是回到了记忆中，回到了王玉英独自在山墙前的画面。这一抹亮色能够让我感受到李小龙的温情和关心。

温情、关心，我坐下的时候突然想到，《昙花、鹤和鬼火》中的李小龙是初中二年级的学生，我们大概同岁。

当然有不同意见，洪乐把这句话放在了20自然段之后。他的理由是我能想到的。既有现实的一面，出嫁要打扮，需要鲜花点缀。但他补充说，也许还有另外一个意味，晚饭花戴在头上，离开了原来的花丛，终究是要枯萎的。就像王玉英一样，在臭河边的时刻，已经在枯萎了。

甚至有人把这个句子放在了12自然段之后。"王玉英有一个很好看的身子。她头上戴着红花。"

倒也顺溜。但不会在这里。

对比之下，第一个句子"晚饭花还在开着"，似乎没有太多分歧。有七位同学都选择了放在故事结尾。

白江宏说，这样的结尾恰到好处，甚至余味悠长。依然是李小龙的视角，"这个世界上再也没有原来的王玉英了"，他是带着悲伤说出这句内心独白的。而当他依着过去的习惯向巷子里张望的时候，晚饭花却还在开着。物是人非。情绪如此复杂，却又如此含蓄。太好了。

但他话音刚落，马老师便在屏幕上放出了原文的最后几个段落。李昊然号叫一声。他猜对了。第一句话出现在 21 和 22 自然段中间。

20 有一天，一顶花轿把王玉英抬走了。

21 从此，这条巷子里就看不见王玉英了。

晚饭花还在开着。

22 李小龙放学回家，路过臭河边，看见王玉英在钱老五家门前的河边淘米。只看见一个背影。她头上戴着红花。

23 李小龙觉得王玉英不该出嫁，不该嫁给钱老五。他很气愤。

24 这世界上再也没有原来的王玉英了。

"刚才我没好意思分享。但真理果然掌握在少数人手里。晚饭花本来就生长在巷子里。所以它出现在'这条巷子里就看不见王玉英了'后面自然而然。自然而然，这不就是汪曾祺的风格吗？
老师说过的。"

真是孩子气十足的李昊然。

白江宏苦笑着。马老师忍不住笑出了声。

"虽然汪曾祺的原文如此，但我觉得江宏的解释并非没有存在的意义。这句话放在最后有它好的地方。对比原文，我们能够更好地理解汪曾祺的文学审美，但不代表他的每一处设计都是最完美的。不过，现在我们来到了这篇小说原来的样子。怎么样，谁还想继续谈论一下对晚饭花的理解吗？"

只有王渺一个人举手。

"象征也好，反衬对比也罢，我觉得都只是进入故事的一种方式。那为什么我们不直接站在故事的世界中呢？晚饭花就种在山墙前面，它就是和王玉英生活在一起的一幅画面。所以在以后的岁月中，王玉英已经变了，已经嫁做他人妇。但是每次看到晚饭花的时候，李小龙一定会想起过去的王玉英，过去的爱情。所以，不用管什么技能了，在我看来，晚饭花更像是记忆的钥匙。就像我们自己生活中经常会发生的那样，看到一个物件，记忆就出现了。"

王渺说的真好。

马老师也点了点头。她若有所思地走到一面书墙，一边翻找，一边说道：

"王渺的这段表述，让我想起了汪曾祺自己的一段话。我一向觉得作者的解释不是我们理解作品的唯一方式。但既然提到了记忆，我们不妨听一下这段原话。"

书已经找到了。她翻看一会儿，读了起来：

[*]我的小说和晚饭花无相似处，但其无足珍贵则同……我对于晚饭花还有一点好感，是和我的童年的记忆有关系的。我家的荒废的后园的一个旧花台上长着一丛晚饭花。……因此我的眼睛里每天都有晚饭花。看到晚饭花，我就觉得一天的酷暑过去了，凉意暗暗地从草丛里生了出来，身上的痱子也不痒了，很舒服；有时也会想到又过了

---

[*] 选自汪曾祺《晚饭花集·自序》，河南文艺出版社。

一天，小小年纪，也感到一点惆怅，很淡很淡的惆怅。而且觉得有点寂寞，白菊花茶一样的寂寞。

我突然想起白江宏说过的话，汪曾祺的儿子问李小龙是不是他自己，他回答说是的。进入一个故事，也许真的不需要依赖什么。来到人物身边就好了。

我们也再次遇到了出现在《昙花、鹤和鬼火》中的疑问。这篇小说中虚构和真实到底各有多少，以及这个问题究竟是否重要。我又扫了一眼小说，突然想，第六自然段中的夏家，应该就是《昙花、鹤和鬼火》开头的邻居夏老人吧。

我的思绪被马老师打断了，她在对我说话：

"沈青，你的意见呢？你会如何看待李小龙的感情？"

"如何看待？"

"对。刚才李昊然说这不是爱，只是单相思。而且王玉英嫁走之后，感情就没了。"

"我不知道。但我觉得，这个感情一定对李小龙很重要。也许王玉英不知道曾经有过一个少年这么喜欢她。但爱是自己的，不一定要对方知道。"

有人发出奇怪的声音。我听到李昊然重复念道"爱是自己的"。我白了他一眼。

悠悠接着说道："我同意沈青的意见。有一句话能让我们看出李小龙是多么喜欢王玉英。第十一自然段：'这是李小龙的黄昏。要是没有王玉英，黄昏就不成其为黄昏了。'没有煽情，淡淡的一句，却能感觉到一个少年深陷其中的情感。这当然是爱，哪怕是单相思。而且李小龙大概也没想过要和王玉英在一起吧。毕竟，他现在还是一个学生，初中二年级，如果和《昙花、鹤和鬼火》在同一个时期的话，这就是年少时候的感情呀，奋不顾身，纯粹而盲目，就好像自己被感情控制了一样。"

大家又说了点什么。等到我从恍然中清醒过来时，马老师已经在布置下一节课的作业了。依旧是一篇小说，题目叫作《南瓜灯博士》，作者是美国小说家理查德·耶茨。

我长舒一口气，站了起来。

下课走出店门，翻看手机时发现了爸爸的电话和微信。他问上课的地点，说要来接我。我刚拨通电话，就看到他从书店里走了出来。

他手里拿着一本书。

但他是怎么找到这里的？我从来没有和他说过书店的名字。

"我和店员聊了会儿，听说你们在讲汪曾祺。我就买了一本。"

我一看，是《人间草木》。但我什么都没说，拉着爸爸走向停车场。我很高兴。

"你们今天讲的是一个什么故事？"

"一个男生的爱情故事。男生和我一样大。"

他停住脚步，看了我一眼。

"话说你有没有喜欢的男生？"

"说什么呢？"

"多正常呀。没有才不正常呢。你放心，你老爸我可是非常开明的。"

"是吗？我还以为你是个老古董呢。"

"那你可就冤枉我了，我只是嘴比较笨而已。"

停车场过去就是海。现在已经八点多了。越过一片灯火，看得见幽暗的海水。

"如果我喜欢的男生不喜欢我怎么办？"

汽车刚启动。他透过后视镜看着我，忍不住笑了出来。但他没有回应我的问题，而是和我聊起他高中时候的故事。

汽车转到望海路上，掠过被灯光打亮的凤凰

木。我看到凤凰木的远处有一轮月亮，看不见星星。城市的光线把天空映得发红。

风吹进来。爸爸正在讲述他的初恋。

图书在版编目（CIP）数据

X书店：12节虚构的语文课.成长是一部小说/冯军鹤著；葛根汤绘.-- 北京：北京科学技术出版社，2024.4（2024.8重印）

ISBN 978-7-5714-3585-1

Ⅰ.X… Ⅱ.①冯… ②葛… Ⅲ.①作文课-中小学-教学参考资料 Ⅳ.① G634.343

中国国家版本馆CIP数据核字（2024）第 010338 号

策划编辑：郑先子
责任编辑：郑宇芳
责任校对：贾 荣
封面设计：张挠挠　田丽丹
营销编辑：赵倩倩
图文制作：田丽丹
责任印制：吕 越
出 版 人：曾庆宇
出版发行：北京科学技术出版社
社　　址：北京西直门南大街 16 号
邮政编码：100035
电　　话：0086-10-66135495（总编室）
　　　　　　0086-10-66113227（发行部）
网　　址：www.bkydw.cn
印　　刷：北京盛通印刷股份有限公司
开　　本：787 mm×1092 mm　1/32
字　　数：34 千字
印　　张：3.875
版　　次：2024 年 4 月第 1 版
印　　次：2024 年 8 月第 2 次印刷
ISBN 978-7-5714-3585-1

定　　价：30.00 元